Du hast dich gewöhnt an das volle Leben.
Ein Termin drängt den anderen,
die Stunden und Minuten sind gefüllt.
Verplant ist auch die Freizeit.
Du hörst die Stimme nicht mehr,
die in dir nach Stille ruft.
Vielleicht hast du den Kontakt
zu dir selbst verloren.

Du findest nicht den Weg
aus dieser Entfremdung,
es gelingt dir nicht, weniger zu tun.
Du gönnst dir nicht die Stille,
in der du dich erneuern kannst.
Es gibt immer wieder einen Grund,
so hektisch weiterzumachen.

Aber etwas in dir weiß,
was du brauchst.
Da schaffst du dir,
ohne dich selbst zu durchschauen,
eine Wüste.
Mit einer Hand vereitelst du,
was du mit der andern versuchst aufzubauen.
Du schaffst Umstände,
die dich zum Nachdenken zwingen.
Du räumst dir selbst eine Chance ein,
um dich wieder einzuholen
und auf dich selbst zu hören.

Du unterbrichst die Fülle
mit der Leere der Wüste,
ohne es zu wissen.

Wüste ist die Unterbrechung dessen,
was du kennst
und was dir liebgeworden ist.
Was dich erschreckt,
ist der Anfang der Wüste.
Wo du nicht weiter weißt,
beginnt die Wüste.

Aber in der Wüste
kann auch das innere Wunder geschehen.
Bist du bereit, dich zu öffnen
für die Leere?

Du hast immer gedacht,
daß die Wüste der Tod sei.
Du hast Angst vor der Wasserarmut,
vor der Hitze, dem Verdursten.

Aber die Wüste
ist nicht nur Sand und Leblosigkeit,
sie ist auch strenges, eingeteiltes Leben.
In der Wüste ist nichts selbstverständlich.
Jede Pflanze stellt sich auf die Trockenheit ein,
sie entwickelt Weisen, um zu überleben.
Sie kämpft mit der Sonne,
sie sammelt den seltenen Regen,
hebt ihn auf und verteilt ihn
auf viele regenlose Tage.

In der Wüste des Herzens
liegt unsere Chance darin,
tief nach innen zu greifen,
in uns zu gehen
und etwas zu entwickeln,
was uns reifer macht,
erwachsener, weiser und geduldiger.
Gerade in der Wüste lernen wir,
daß wir eingebettet sind in lange Abläufe,
in Rhythmen, die geheimnisvoll
unser ganzes Leben durchziehen.
Wir leben nicht nur aus dem Moment.

So ist die Wüste die Lehrmeisterin.
So prüfen wir uns
und wachsen über uns selbst hinaus.

Die Wüste ist der Ort,
wo wir lernen,
was wirklich wichtig ist.
Alles Überflüssige fällt von uns ab.
Wir lassen das zurück,
was uns nur beschwert.

Was brauchen wir wirklich zum Leben,
ist die Frage, die auftaucht
und uns herausfordert.
Vielleicht ist weniger mehr.
Wenn alles von uns abfällt,
woran wir unser Herz gehängt haben,
werden wir leicht.

Voller Schönheit ist die Wüste,
in ihrer Herbheit und Not.
Und so sind auch wir,
wenn wir uns in dieses Grenzgebiet begeben.
Wenn wir begreifen,
was wichtig ist und was nicht,
und uns konzentrieren
auf Leben und Sterben
und uns nicht abhalten lassen
von dem Unwichtigen, dem Belanglosen,
dann sind wir schön.

Wenn manche Wege versandet sind,
wenn sich alles in dir zuspitzt,
wenn es schwer wird und die Not wächst,
gerade dann kann dein Bestreben, zu überleben
und etwas aus deinem Leben zu machen,
dir eine Schönheit geben,
die du nie gehabt hast.
Diese heilige Einseitigkeit
verwandelt dich.

Begreife,
daß du gerade durch deine Not
auf Boden stehst,
der heilig ist.
Zieh deine Schuhe aus
und würdige die Wüste deines Lebens –
sie hat dir etwas zu sagen.
Deine Fähigkeit zu warten,
zu trauern und zu leiden
macht dich menschlich.
Durch die Erfahrung der Wüste
wirst du die Tiefe des Lebens
besser verstehen.

Die Wüste in dir
ist ein heiliger Grund.

Spürst du die neue Landschaft
der Wüste in dir?
Etwas tut sich auf,
gewinnt Gestalt.
Das, was du kanntest,
ist überholt
von neuen Einsichten.

Es gibt einen Weg,
der nur in der Ausweglosigkeit
zu finden ist.
Es gibt eine Erleuchtung,
die nur in der Dunkelheit geschieht.
Es gibt ein Verstehen,
das jenseits allen Denkens liegt.

Nicht das Geebnete,
nicht das klar Abgezeichnete und Einladende
nicht das Bekannte und oft Gedachte,
sondern der Schritt in das Wagnis
befreit uns von der Enge
unseres Wissens und Besserwissens.

Geheimnisvoll ist das Schwere,
aus dem wir als veränderte Menschen erstehen
und einmalig werden.
An unseren Narben,
die wie Medaillen sind,
sind wir unverwechselbar zu erkennen.
Das ist das schwere Glück des Menschseins.

Die Wüste ist nicht wüst und leer,
sondern sie trägt uns in Formen,
die wir noch nicht kannten.
Sie lockt uns hervor,
sie gibt uns neue Gestalt.

Das mutet dir das Leben zu.
Das mutest du dir zu,
wenn du nicht davonläufst,
sobald es schwierig wird.

Spürst du die Reife,
die durch deinen Körper,
deine Seele und deinen Geist zieht?
Und kannst du deinen Weg bejahen,
diesen herben, harten, hohen?
Das bist du,
Wüstenwanderin,
das sind deine Möglichkeiten,
Wüstenwanderer.

Gereinigt
bekommst du dich selbst zurück.

Dann,
wenn die Zeit erfüllt ist,
wenn gelernt worden ist,
was zu lernen ist,
wenn die Tiefe erreicht worden ist,
die neues Leben möglich macht,
dann blüht die Wüste,
dann wirft sie sich in ein buntes Kleid,
und macht ihre Vielfalt deutlich.

Wer die Wüste entdeckt hat,
lebt nicht mehr ohne ihre Weisheit.
Schwer, aber wunderbar
ist der Weg durch die Wüste.